LES PARTAGEUX

DIALOGUES A LA PORTÉE DE TOUS

Par WALLON

Extrait du Bulletin de Censure

CONSEILS CONTRE LE SOCIALISME

Prix : 10 centimes

PARIS

Au Bureau de la Propagande anti-socialiste

7, RUE DES GRANDS-AUGUSTINS

1849

PROPAGANDE ANTI-SOCIALISTE.

SOUSCRIPTION POUR 1849 AU BULLETIN DE CENSURE
CONSEILS CONTRE LE SOCIALISME

3 feuilles in-8 comp. de 96 col. par mois (7ᵉ ann.), donnant par an la matière de

6 volumes in-8° pour 8 francs, avec prime.

50 cent. en sus pour le port de la Prime.

———

PRIME OFFERTE

AUX NOUVEAUX ABONNÉS DU *BULLETIN DE CENSURE,*

REVUE CRITIQUE DES JOURNAUX

Publiés à Paris depuis la Révolution de Février jusqu'à la fin de Décembre,

Un beau volume contenant plus de 500 journaux et la matière de
2 volumes in-8°.

On souscrit rue des Grands-Augustins, 7.

AU LECTEUR.

Nous croyons devoir reproduire ici les lignes suivantes extraites de la *Revue critique des Journaux* qui a paru dans le *Bulletin de Censure* de juillet 1848.

Ouvriers, mes frères, si ce livre tombe entre vos mains, ne me croyez pas aussi méchant que je le parais quelquefois dans mes attaques contre les socialistes. Je n'ai qu'un amour, celui du bien ; qu'une haine, la haine du mal. J'ai été travailleur comme vous, je veux dire comme beaucoup d'entre vous, qui travaillent réellement, qui souffrent en silence, qui sans cesse se font plus grands par la tête et par le cœur, et à qui chaque jour apporte une idée nouvelle, une nouvelle vertu. Comme beaucoup d'entre vous, j'ai été socialiste, socialiste de la veille, car il y a bientôt dix ans ; comme un homme qui croit et qui cherche, j'ai étudié longtemps, sérieusement, avec foi et conscience, tous les systèmes, depuis Campanella jusqu'à Proudhon ; je les ai creusés, sondés, percutés dans tous les sens, et je les ai trouvés vides, parce qu'il y avait un *pourquoi* qui échappait toujours à ma raison. Comme vous, j'ai courbé mon dos sous le travail des bras ; comme vous, j'ai eu faim et je n'ai pas eu de quoi manger ; comme vous, enfin, j'ai été privé des joies de la famille, et quand le besoin me retenait au lit, je n'avais pas à mon chevet une compagne aimante et aimée, une fille chérie qui m'apportât les douces consolations du cœur. Mais au lieu de maudire la société, je bénissais Dieu. Le soir, en me couchant, on plutôt le matin, lorsque ma bougie pâlissait avec la dernière étoile au ciel, je fermais doucement mes paupières en disant : « O mon Dieu, que vous êtes bon, que vous êtes grand, que vous êtes juste, et combien je vous aime ! Merci, mon Dieu ; vous m'avez cru fort, et vous m'avez apporté une journée, une longue journée de souffrances et de douleurs ! Vous m'avez cru bon, et vous avez voulu m'éprouver, vous avez voulu me rendre meilleur ; soyez béni ! Encore demain, encore toujours, j'inclinerai mon front humble et soumis devant vos décrets ; j'accepterai avec bonheur le travail et la peine comme un devoir, comme une réparation. » Et alors je dormais mieux, je dormais plus vite ; le sommeil venait réparer mes forces pour recommencer le lendemain l'éternelle lutte du bien contre le mal. J'ai triomphé, mes amis ; Dieu est juste, Dieu est bon ; que son saint nom soit béni ! Voilà pourquoi j'ai fouetté sans pitié les imposteurs qui vous trompent, les méchants qui vous égarent, les fourbes qui vous exploitent. Mais je vous aime, je suis bon, voyez-vous, bon comme vous, comme l'homme qui a beaucoup souffert et qui cnesacre sa vie, son sang, s'il le faut, au triomphe de cette devise où sont écrits tous nos devoirs : JUSTICE ET VÉRITÉ.

WALLON.

LES PARTAGEUX

DIALOGUES

A LA PORTÉE DE TOUS.

1ᵉʳ DIALOGUE. — LE DÉMOCRATE.

LE DÉMOCRATE. — Eh ben! père François, nous avons donc la république?

LE PÈRE FRANÇOIS. — Hélas! oui, mon garçon.

LE DÉMOCRATE. — Faut pas vous désoler. Le bon temps reviendra, et pour cette fois il ne nous quittera plus.

LE PÈRE FRANÇOIS. — Tu es bien jeune, mon garçon, pour savoir ça; si tu avais vu comme moi la première, tu saurais que quand la république arrive ça n'est pas toujours couleur de rose.

Ici, je dois vous dire, ami lecteur, que le père François, avec qui nous allons causer quelque temps, est un homme qui a passé et bien passé la soixantaine. Cependant il est toujours vert et bien portant. C'est un vieillard actif, alerte, remuant, se couchant tard, se levant tôt, veillant à toutes ses affaires par lui-même et tenant encore, comme un jeune homme, les mancherons de sa charrue. Il a de la corne dans la main, comme on dit ; c'est que toute sa vie il a travaillé sans paix ni trève, excepté le dimanche pourtant, car il est chantre à la petite église du village, membre du conseil de fabrique et religieux observateur des jours de repos que nous devons à Dieu. Quelques mèches de cheveux presque blancs s'échappent de son bonnet de coton bleu à raies rouges. De grosses rides, creuses comme les sillons qu'il trace avec le soc de sa charrue, coupent sa figure en tous sens. Il porte la blouse, le pantalon à guêtres boutonnées jusqu'aux genoux et les gros souliers ferrés de voyage. C'est un bon et brave paysan, comme était mon père ou le vôtre, tout franc, tout rond, tout loyal, allant droit son chemin et n'entendant finesse ni malice à ce qui n'est pas l'équité, la droiture, la probité. Enfin c'est un des vingt ou vingt-cinq millions de citoyens qui habitent nos campagnes, cultivent la terre, enrichissent la France, défendent nos frontières au besoin et s'en vont en bénissant Dieu, qu'ils ont aimé et respecté toute leur vie.

Le démocrate qui cherche à l'endoctriner, et qui lui parle si familièrement, est le fils d'un de ses anciens amis. C'est un cousin, un petit-cousin; car dans mon pays nous sommes tous cousins, non pas de la même manière qu'on est frère à Paris depuis la république, c'est-à-dire pour se détester et s'entretuer de ter ps à autre, mais vrai cousin par sang ou par alliance, ayant tous le cœur sur le main. C'est un cousin qui a grandi au village jusqu'à l'âge de douze ou treize ans. Son père étant mort, on l'a envoyé au collége à Soissons. Il a fait ses classes, il est entré chez un notaire, puis il est venu se perdre à Paris, dans la grande ville des grandes iniquités et des grandes corruptions. Là il est devenu démocrate. C'est l'histoire de beaucoup de gens que vous connaissez, c'est l'histoire de presque tous les démocrates, ne sachant rien, mais croyant tout savoir, ayant juste assez de connaissances pour développer leurs mauvais instincts, pas assez pour les redresser.

Quant à moi, je n'ai pas besoin de vous faire mon portrait; il serait trop ou trop peu flatté. Je me connais parfaitement, voyez-vous, et si je vous disais tout le mal que je pense de moi, vous en croiriez beaucoup de bien. D'ailleurs je ne veux pas me faire entrer dans la conversation. Je ne ferai que raconter ce que j'ai entendu. Je n'ai pas la prétention de reproduire mot pour mot les paroles du père François, mais je prétends traduire et rendre très-exactement sa pensée. On verra qu'elle en vaut bien une autre.

LE DÉMOCRATE. — Mais, père François, en 89 on n'était pas prêt pour la république, voilà pourquoi il y a eu tant de violences ; aujourd'hui, nous sommes tous républicains.

LE PÈRE FRANÇOIS. — Tous, tous, ça te plaît à dire, mon ami ; à peu près comme on était tous pour Louis-Philippe avant la révolution ; comme on sera tous pour n'importe qui après. Maintenant, vois-tu, il n'y a de républicain que ceux qui ne l'ont jamais été ; quand on l'a été, on ne l'est plus ; et quand on l'est, on ne l'est pas longtemps. Attends voir deux ou trois ans....

LE DÉMOCRATE. — Parbleu ! il faut bien le temps que la république s'organise. Jusqu'à présent nous ne l'avons pas encore eue. Laissez le temps à l'arbre de porter ses fruits. On ne récolte pas avant d'avoir semé.

LE PÈRE FRANÇOIS. — Oui, pour récolter des impôts, des guerres, des contributions de toute nature et pas d'argent. La belle affaire!

LE DÉMOCRATE. — Vous voyez tout en noir, père François; quel oiseau de mauvais augure vous faites! Voyons, n'êtes-vous pas électeur, éligible et citoyen comme le premier venu?

LE PÈRE FRANÇOIS. — Ça m'avance bien d'être électeur, éligible et citoyen, et de n'avoir pas le sou. Autrefois il fallait de l'argent pour être électeur, mais au moins on en gagnait, et quand on en avait gagné, on était sûr de pouvoir le conserver ou à peu près sans que le percepteur eût rien à y voir.

LE DÉMOCRATE. — C'est donc toujours les impôts qui vous font peur.

LE PÈRE FRANÇOIS. — Eh! sans doute. Crois-tu que c'est amusant de piocher toute la sainte journée pour nourrir un tas de paresseux des villes, un tas de vauriens pour qui on construit des monuments que nous ne verrons jamais ou à qui on donne des secours sans même les faire travailler? Vois-tu, mon ami, retiens bien ça, le gouvernement qui lève le moins d'impôts est le meilleur, parce que c'est le plus simple et celui qui va le mieux au goût de tout le monde. C'est comme une machine qui n'use pas d'huile. Après celui-là, le moins mauvais, c'est celui qui vous donne le plus, c'est-à-dire qui vous fait gagner le plus d'argent, parce qu'avec de l'argent on est libre et indépendant. Avec ma ceinture de cuir bien garnie, je vais partout, et partout je suis reçu. Ça vaut mieux que d'être électeur, éligible et le très-humble servant de n'importe qui.

LE DÉMOCRATE. —Mais, père François, si la république ne vous demandait plus d'impôts, vous seriez donc républicain?

LE PÈRE FRANÇOIS. — Oui, mon ami, si, en même temps, elle me laissait gagner ma vie honorablement. Mais comment ferait-elle? On ne fait rien sans argent; il faut de l'huile pour graisser les roues.

LE DÉMOCRATE. — Si, par exemple, on demandait beaucoup à ceux qui ont beaucoup, et très-peu, ou même rien, à ceux qui ont moins?

LE PÈRE FRANÇOIS. — Oui, je sais ce que tu veux dire; j'ai déjà entendu parler de cela. C'est-à-dire que vous voulez rétablir les inégalités que nous avons abolies autrefois : inégalités d'argent ou inégalités de naissance, ça ne fait rien à l'affaire; la chose est toujours la même. Et tu crois que je souffrirais qu'un autre paye plus que moi, soit plus que moi, et qu'il ait le droit de me mépriser ou de m'insulter? Allons donc ! je ne mange pas de ce pain-là, moi ! c'est bon pour vous autres, partageux, socialistes, qui étiez là-bas cent mille et plus à vous faire nourrir, les bras croisés, comme des fainéants et des mendiants.

LE DÉMOCRATE. — Mais, père François, faut pas vous emporter comme une soupe au lait. Voyons, n'est-il pas juste que celui qui a plus paye plus, et que l'impôt ne frappe que les riches?

LE PÈRE FRANÇOIS. — Non, cela n'est pas juste. Si nous sommes égaux, nous devons tous autant, c'est-à-dire en proportion de ce que nous avons. Moi, j'ai un arpent de bonnes terres, je paye pour un arpent; mon voisin en a deux, il paye pour deux; voilà l'équité. S'il payait double et si je ne payais plus rien, il aurait le droit de me vexer, de m'insulter et de dire que je ne suis pas citoyen comme lui, et il aurait raison; tandis qu'en payant chacun sa quote-part, personne n'a rien à dire. Moi, je suis autant que toi; toi, tu es autant que moi, ni plus ni moins; et, comme on dit, les bons comptes font les bons amis.

LE DÉMOCRATE. — Vous avez donc payé les 45 centimes sans mot dire?

Le père François. — J'ai payé quand j'ai vu les autres payer, mais pas avant. D'ailleurs c'était un impôt qui était décrété par des gens que nous ne connaissions pas, qui avaient escamoté le pouvoir à leur profit et qui ne savaient s'en servir que pour faire le mal.

Le Démocrate. — Eh bien alors, il faut signer la pétition pour la restitution du milliard avec lequel on remboursera les 45 centimes.

Le père François. — C'est encore une baliverne de votre invention, à vous autres démocrates. Vois-tu, d'abord, le percepteur ne rend jamais d'argent; et puis ce milliard, s'il a été donné, c'est qu'il était dû et bien dû, car ç'a été discuté assez longtemps. Pourrais-tu me dire combien ton père a acheté son grand pré, là-bas, au moulin d'Œilly, derrière le château?

Le Démocrate. — Mais il l'a fort bien acheté et payé en bons assignats !

Le père François. — Je n'ai pas voulu te vexer, mon ami, je connais tout cela mieux que toi. Mais vous autres démocrates, fils et petits fils de démocrates, vous ne devriez point parler du milliard, ni des émigrés; car c'est à eux que vous devez presque tous d'être ce que vous êtes et d'avoir quelques sous vaillant. Laissons cela. Il y aurait trop de choses à dire. Les 45 centimes ont été décrétés par un pouvoir révolutionnaire essentiellement provisoire, sans autorité ni mission pour lever des impôts. Le milliard, au contraire, a été voté par une assemblée régulière, après longue et mûre délibération. Ce qui est fait est fait. Si nous nous mettons à faire, défaire, refaire et redéfaire sans cesse les mêmes choses, nous serons toujours en révolution. C'est ce que vous voulez vous autres; mais nous, nous ne sommes pas du même avis. Nous voulons rentrer dans l'ordre au plus vite. Je ne sais, le diable m'emporte! comment vous avez la tête tournée; mais à votre âge nous n'étions pas ainsi.

Le Démocrate. — Ah! père François, c'est le progrès; nous en savons maintenant à vingt ans autant que vous à quarante.

Le père François. — Autant, c'est possible; mais nous savions mieux, nous autres, et surtout nous agissions mieux. Je crois au progrès, sans doute, puisque je le vois partout; mais je crois au progrès du mal comme à celui du bien, et depuis un demi-siècle, je ne sais comment cela se fait, c'est presque toujours le mal qui domine.

Le Démocrate. — L'ignorance, voyez-vous,

est encore trop générale ; quand nous aurons l'éducation gratuite et obligatoire, il n'en sera plus ainsi. Tout le monde raisonnera, et on finira par s'entendre.

Le père François. — Dis donc qu'on déraisonnera comme tu fais, et qu'on ne s'entendra plus du tout, comme font les démocrates entre eux. Ils savent bien, ou à peu près, ce qu'ils ne veulent pas, mais il n'y en a pas deux qui sachent ce qu'ils veulent et qui soient d'accord. Et tu crois que je laisserai mes enfants dans les mains de ces gens-là ? Mais j'aimerais autant les étouffer en venant au monde si je savais jamais les voir devenir des partageux. Qui dit partageux dit paresseux et vaurien. Si je ne leur lègue pas grand'chose, je veux au moins leur donner de bonnes habitudes, de l'ordre, de l'activité et surtout de la probité. Je veux qu'ils marchent la tête haute et droite comme leur père. Est-ce qu'il ne vaudrait pas bien mieux pour toi que tu ne fusses jamais sorti de ton village ? Tu aurais encore le cœur droit, l'esprit juste, et tu ne te jetterais pas comme un fou dans tous les excès de la révolution, qui, si tu n'y prends garde, te conduira beaucoup plus loin que tu ne penses.

Ecoute, mon garçon, l'éducation gratuite dont tu parles, ça veut dire éducation payée par l'Etat, ça veut dire plus d'impôts; ça veut dire aussi moins de liberté, car il n'y aura plus de concurrence, plus d'éducation libre, et il faudra accepter, quand même, l'éducation qu'on nous donnera. C'est comme s'il y avait deux gendarmes, à côté du maître-d'école, chargés de nous enseigner de force les balivernes qu'il plaira à MM. les démocrates de Paris de nous faire apprendre.

Education gratuite et obligatoire, ça veut encore dire qu'on nous volera nos enfants pour leur apprendre à lire comme on nous les vole à vingt ans pour leur enseigner l'exercice et la charge en douze temps. Ça veut dire qu'on leur enseignera de force, malgré eux, malgré nous, qu'il n'y a pas de Dieu, qu'il n'y a ni bien ni mal, et que nous pouvons nous conduire comme nous l'entendons sans nous inquiéter de rien.

Si tu étais franc, tu avouerais que tu penses un peu comme ça, toi, démocrate socialiste.

Tu vois bien que je suis moins bête que tu en as l'air, et qu'avec mon bonnet de coton bleu et ma blouse de toile, je connais plus de choses que tu ne le crois.

Le Démocrate. — Je sais bien, père François, que vous lisez quelquefois dans les gros livres, et que vous avez étudié jadis pour être prêtre.

LE PÈRE FRANÇOIS. — Mes études n'ont pas été longues et je ne lis guère, mon garçon ; mais je réfléchis beaucoup. Je vois, j'observe, j'étudie. Et puis, j'ai vécu, j'ai traversé sept, huit ou dix gouvernements, et je sais ce qu'ils valent. Nous avons eu quatre ou cinq républiques différentes, qui, toutes, ne valaient pas grand'chose. L'empire a eu deux ou trois modifications ; c'était la dictature et la guerre, mais au moins on vivait alors et on vivait bien. Après l'empire, trois monarchies qui nous ont donné l'ordre, la paix, la tranquillité. Depuis un an nous en sommes déjà à la quatrième forme de république ; quand donc nous arrêterons-nous ?

LE DÉMOCRATE. — Ah ! maintenant, voyez-vous, on ne s'arrêtera plus que dans la république démocratique et sociale.

LE PÈRE FRANÇOIS. — Qu'est-ce que c'est que ça ?

LE DÉMOCRATE. — C'est la république sans président, avec une Assemblée nationale, une Convention permanente, l'impôt progressif, l'éducation gratuite et obligatoire, le divorce, la liberté de tous les cultes, l'élection dans l'armée et dans la magistrature, la justice gratuite et mille autres réformes plus urgentes les unes que les autres. Nous voulons l'égalité absolue et la fraternité...

LE PÈRE FRANÇOIS. — La fraternité ou la mort, n'est-ce pas? Oui, oui, je connais tout cela. Ce sont les mêmes folies, presque les mêmes hommes. Ils n'ont rien oublié, rien appris. Je vois en fin de compte beaucoup de sang et de victimes; des violences comme en 93 et la terreur; c'est toujours le même système. Exciter les passions basses, éveiller les mauvais instincts par de longues prédications, animer les haines et les colères par des émeutes, faire naître des idées de vengeance, soulever la populace des villes pour s'en faire une arme toujours prête, s'emparer brusquement du pouvoir, organiser des comités de salut public, jeter le désordre, la confusion et la crainte par toute la France, et réaliser ainsi les plus absurdes projets, les folies les plus immorales. J'ai vu tout cela ; j'ai vu encenser la déesse Raison et prêcher l'athéisme. J'ai rencontré des hommes qui étaient chargés d'enseigner le matérialisme le plus abject, et qui chassaient Dieu des églises. Voilà ce que vous voulez refaire. Vous succomberez comme eux, pauvres fous, et la postérité se demandera si vous méritez plutôt la pitié que le mépris..

LE DÉMOCRATE. — Mais, père François, vous parlez là comme un réactionnaire; vous insultez sans répondre, sans discuter, sans combattre.

LE PÈRE FRANÇOIS. — Que veux-tu que je discute, mon pauvre garçon ? Puis-je me battre contre des moulins à vent. La base de toutes vos réformes c'est l'impôt progressif, parce qu'il faut de l'argent pour faire des réformes. Or, l'impôt progressif est la plus stupide immoralité que je connaisse, la plus grossière erreur qui puisse entrer dans la tête d'un homme. Quand on arrive là, on a perdu le sens moral, le sens du vrai, le sens du bien, le sens du juste; on a perdu tout bon sens. Il est inutile de discuter.

Nous autres, autrefois, nous voulions aussi l'égalité, mais l'égalité vraie, réelle, sérieuse; l'égalité qui fait la dignité de l'homme et non pas son abaissement; l'égalité qui relève, qui rend plus fort et meilleur; celle qui veut que tout citoyen soit également citoyen, et qu'il contribue aux charges de l'État dans la proportion de ce qu'il a. Vous, vous voulez l'égalité dans la honte et dans la mendicité. Vous voulez vivre aux dépens de ceux qui ont plus d'ordre, plus d'activité, plus d'intelligence que vous, et qui ont su économiser, accumuler leur fortune. Voilà ce que vous appelez la république démocratique et sociale. La violence comme moyen, la misère, la honte, la mendicité, la paresse comme but. Si c'est ainsi que vous moralisez le peuple, il ne tardera pas à se dévorer lui-même. On peut vous redouter un moment, car vous ferez beaucoup de mal, mais vous n'êtes pas à craindre. Vous serez vous-mêmes, retiens bien ce mot, mon garçon, vous serez vous-mêmes vos juges et vos bourreaux.

LE DÉMOCRATE. — Mais enfin, père François, ne faut-il pas que le riche vienne en aide au pauvre, que celui qui a donne à celui qui n'a point? Et, si le riche est égoïste, est-ce que la loi ne doit pas intervenir pour le contraindre à être généreux?

LE PÈRE FRANÇOIS. — Avec ce système-là on pourrait ruiner le riche sous le prétexte qu'il n'est pas digne de sa fortune, et la donner tout entière au pauvre sous le prétexte qu'il en est plus digne. On arriverait ainsi à l'absurde et à la folie. Qui est-ce qui peut être juge dans une semblable question? Dieu seul voit nos consciences.

La loi respecte le droit. Jouir du fruit de son travail est un droit éternel et inaliénable.

Prendre à celui qui a, c'est voler.

Donner à celui qui n'a pas, c'est le corrompre.

La religion, le sentiment religieux, l'idée de Dieu peut seule changer la nature de ce double acte. Il devient alors moral et plein de dignité. Celui qui donne, donne à Dieu et pour l'amour de Dieu. Celui qui reçoit, reçoit de Dieu et de l'amour de Dieu. Ainsi tous deux conservent leur dignité et leur moralité.

Si la loi intervient pour prendre, elle vole, elle dépouille, elle blesse la liberté et la dignité de l'homme.

Si elle donne comme un droit, droit à l'assistance ou autre, elle corrompt; elle blesse encore la dignité de celui qui reçoit.

Si tous les hommes ne sentent point ce double fait, tant pis pour eux, ils sont déjà corrompus.

Le riche doit dépenser librement sa fortune. La charité est essentiellement volontaire et spontanée sous peine de ne pas être.

Le pauvre doit travailler et gagner son pain à la sueur de son front. Quand il ne peut, il faut qu'il accepte des secours non pas comme un droit, mais comme un acte de bienveillance. Est-ce qu'il nous prend jamais fantaisie d'exiger de nos amis un conseil, un avis, un secours spirituel, le code en main et l'huissier derrière le dos?

Pourquoi en serait-il autrement des secours matériels donnés aux besoins du corps?

Selon moi, il n'y a pas de gens trop riches, il n'y en a pas de trop pauvres.

Il y en a qui ne savent pas employer convenablement leur fortune. Ils manquent de religion et d'intelligence; de cœur et d'esprit. Ils sont punis tôt ou tard.

Il y en a d'autres qui ne veulent point travailler ou qui ne savent pas économiser, arranger, distribuer le fruit de leur travail de manière à ne jamais manquer de pain.

Le Démocrate. — Pardon, père François, si je vous interromps; mais si ceux-là dont vous parlez ne gagnent pas de quoi vivre, si le temps pendant lequel ils travaillent ne fournit pas assez pour le chômage, il n'y a pas de leur faute; et c'est là toute la question.

Le père François. — Je sais bien qu'en ces derniers temps on a persuadé aux ouvriers des villes qu'ils ne gagnaient pas assez; on leur a fait contracter de mauvaises habitudes de dépenses et d'oisiveté qui rognent sensiblement leur budget; mais malgré cela ils ont de quoi vivre, modestement, mais honestement, comme dit un ancien.

Il n'y a pas de sot métier. Tout état fait vivre son maître. S'il en était autrement, mon garçon, certaines professions n'auraient pas d'ouvriers, ce qui est absurde; car si une profession utile avait peu d'ouvriers, elle deviendrait très-lucrative, et tout le monde s'y jetterait. Ainsi, il est bien certain que tout état fait vivre son maître.

On y vit plus ou moins bien, diras-tu ? Sans doute, mon garçon; mais je ne t'ai pas dit non plus que tout fût au mieux des mieux. Il ne s'agit en ce moment que de savoir si le remède que vous proposez n'est pas pire que le mal. C'est mon opinion, c'est l'opinion de toute la France à qui vous faites peur, ce sera votre opinion à vous-mêmes, lorsque vous aurez essayé. Eclairez-vous, allez à l'école, à l'école de l'expérience. Les leçons coûtent cher, dit le bonhomme Richard, et encore les fous n'y apprennent-ils pas grand chose.

Les révolutions annoncent toujours un malaise, un malaise sérieux, réel, auquel il faut promptement porter remède. En ce moment, c'est la société tout entière qui est malade. La classe qui a est aussi indigne de posséder que celle qui n'a pas. L'une ne sait pas dépenser; l'autre ne sait pas travailler et gagner. Celle-ci souffre par immoralité; celle-là fait souffrir par ignorance. En haut comme en bas, il n'y a ni croyance, ni conviction, ni foi. Nous avons tous chassé Dieu de chez lui et de chez nous; le jour de la justice approche, elle sera terrible. Sachons faire pénitence.....

LE DÉMOCRATE. — Mais dites-donc, père François, c'est un sermon que vous allez nous faire là; vous êtes donc toujours moraliste?

LE PÈRE FRANÇOIS. — Toujours, toujours, mon garçon, tant qu'il y aura des écervelés comme toi, il faudra faire de la morale, non pas pour eux, ça ne sert pas à grand'chose, mais pour soi, pour faire son devoir d'honnête homme. Les ânes, vois-tu, mangeront toujours des chardons.

Craignant de voir la discussion s'animer sur ce propos, je fis remarquer au père François que nous allions bientôt arriver; nous nous mîmes à causer de choses indifférentes jusqu'au village, et nous nous séparâmes les meilleurs amis du monde.

2° DIALOGUE. — LE SOCIALISTE.

Le père François aime beaucoup jaser et bavarder. Il ne s'en acquitte pas trop mal, comme vous voyez. Quand un malin de la ville, un enôleur vient dans le pays, c'est toujours au père François qu'on l'adresse. Il trouve à qui parler. Je vais maintenant vous rapporter aussi exactement que possible un autre entretien que j'ai entendu de mes propres oreilles quelques jours après celui qui précède. Vous verrez que le père François sait beaucoup de choses sans en avoir l'air, et que surtout il a un bon jugement, un esprit juste et le cœur droit. Avec cela on se tire toujours d'affaire.

Le Socialiste. — Eh bien ! père François, est-ce que vous n'êtes pas un peu socialiste ?

Le père François. — Ça dépend, mon garçon ; qu'est-ce que tu appelles socialiste ? Je ne suis ni démocrate, ni communiste, ni partageux. Je désire le bonheur de tous les honnêtes gens, et je voudrais pouvoir soulager les malheureux, les paresseux et les vauriens.

Le Socialiste. — Mais enfin ne voudriez-vous pas voir de nombreuses réformes sociales ? Ne désirez-vous pas le bien-être pour tout le monde? Est-ce qu'il ne faut pas que chacun vive?

LE PÈRE FRANÇOIS.—Sans doute, sans doute; il faut que tout le monde vive. Mais nous ne sommes pas sur la terre pour nous engraisser à rien faire; nous y sommes pour travailler tard et matin et pour tâcher à gagner l'autre monde qu'on dit meilleur que celui-ci, ce que je crois bien volontiers, car celui-ci ne vaut pas grand'-chose, surtout maintenant. Si nous n'avions qu'à boire, manger et dormir, ça ne serait vraiment pas la peine de nous donner tant de mal. Nous serions moins heureux que nos poules et que nos vaches, qui ont moins de soucis que nous et ne se tourmentent guère du lendemain. Mais tout cela ne me regarde point ; je parle là comme un aveugle des couleurs et comme toi de politique. Chacun son métier.

LE SOCIALISTE. — Oui, père François, laissons là la vie future à laquelle personne n'entend mot. Occupons-nous de la vie présente, ça vaut mieux.

LE PÈRE FRANÇOIS. — Je ne dis pas cela, mon garçon ; au contraire, il faut y penser souvent, à part soi, car c'est une question qui en vaut bien la peine. Mais je dis que je ne dois pas en causer avec toi, parce que ce n'est pas mon affaire. Je me contente d'y croire, tout bonnement, comme ont fait mon père et mon grand-père ; comme je crois que mon blé poussera, que mes pommes viendront, que j'aurai un veau dans quelques jours et que le soleil se lèvera demain pour nous éclairer. Si on ne croyait pas à ces choses-là, vois-tu, on ne ferait plus rien, on irait au hasard, sans but, sans motif, comme une corneille qui abat des noix.

Le Socialiste. — Avec ces idées-là, vous devez croire aussi que Dieu, qui est bon, nous a faits pour être tous heureux?

Le père François. — Tout ça dépend ; si tu entends par là tous les honnêtes gens, oui ; mais les fripons, les paresseux, les vauriens ne sont pas faits pour être heureux.

Le Socialiste. — Est-ce leur faute, voyons, si, mal élevés, misérables et pauvres, ils ont été poussés au crime et entraînés dans le vice?

Le père François. — Quand on est honnête, mon garçon, on l'est toute sa vie et dans toutes les positions que le hasard vous fait.

Le Socialiste.— Avouez cependant qu'il est plus facile d'être honnête quand on est riche que quand on est pauvre. La faim pousse à bien des malheurs.

Le père François. — Aussi estime-t-on davantage l'homme pauvre qui a toujours pratiqué la justice. Il n'en a que plus de mérite et plus de satisfaction ; mais la fortune, quelle qu'elle soit, n'empêche pas d'être ambitieux, fourbe, trompeur et malhonnête.

LE SOCIALISTE. — Si nous avions tous notre existence assurée, le travail garanti, n'y aurait-il pas moins de crimes, de vols, de souffrances, de désespoirs, qui ont pour cause la misère ?

LE PÈRE FRANÇOIS. — L'homme qui hésite entre le pain et le déshonneur et qui choisit le déshonneur était criminel même avant d'avoir eu faim. Le besoin n'a été pour lui qu'un pré-texte et une excuse. Honte à lui !

Si nous avions l'existence assurée pour nous et pour nos enfants, nous travaillerions moitié moins, la plupart même ne travailleraient plus du tout. Nécessité, mère d'industrie, dit le pro-verbe ; c'est le besoin qui fait notre activité, notre courage, et qui nous donne une énergie in-fatigable. Avec l'existence assurée, nous deve-nons des chiens qu'on fouette ou des bestiaux qu'on engraisse à l'étable ; et puis, est-ce que c'est possible d'assurer l'existence à chacun ? toutes les richesses du globe n'y suffiraient pas.

LE SOCIALISTE. — Mais l'Etat pourrait garantir à chacun de quoi vivre sous la condition des travailler certaines heures tous les jours.

Le père François. — Encore l'Etat, encore des impôts, encore des gendarmes pour faire travailler les paresseux. Le besoin, la nécessité me semble un moyen plus simple, plus sûr, plus expéditif pour arriver au même résultat. Est-ce que je veux qu'un fonctionnaire quelconque, un surveillant, un inspecteur vienne mettre le nez dans mes affaires? Je suis homme, je suis libre et prétends rester libre toute ma vie.

Le Socialiste. — Avez-vous vu les ateliers nationaux, père François ?

Le père François. — Si je les ai vus, vos *rateliers* nationaux! je le crois bien ; des repaires de fainéants et de vauriens qui se croisaient les bras toute la sainte journée. — Pourrais-tu me montrer un pouce d'ouvrage utile qui soit sorti de cette machine-là ? — Et c'est nous, nous autres pauvres paysans, qui avons payé les pots cassés. — Les ateliers nationaux et les 45 centimes, vois-tu, je n'oublierai jamais ça; j'en ai encore le cœur gros. Nous qui travaillons du matin au soir pour nourrir à rien faire un tas de bandits et de propres à rien....

Le Socialiste. — Faut pas vous emporter.

Sans doute il y a eu des abus ; mais l'idée était bonne ; ça aurait pu marcher.

LE PÈRE FRANÇOIS. — Allons donc ! tant qu'on ne travaille pas pour son compte, vois-tu, on travaille mal ; on en fait le moins possible. Vous avez beau parler de fraternité, de dévouement, l'homme est égoïste ; il pense à soi d'abord, et aux autres quand il en a le temps. Les ateliers nationaux, c'est l'organisation de la paresse protégée par l'Etat.

LE SOCIALISTE. — Mais pourquoi ne travaillerait-on pas aussi bien, aussi vite, dans un atelier national que dans un atelier particulier? Au contraire, il me semble qu'on doit y mettre plus d'amour-propre et plus d'activité.

LE PÈRE FRANÇOIS. — Quand chacun défend sa peau, il la défend bien ; quand il défend celle de son voisin, dam ! il s'en acquitte comme il peut, c'est-à-dire fort mal. L'ouvrier qui est à son compte ou à la journée fait bien pour avoir toujours de l'ouvrage. Si l'Etat lui garantit du travail, il n'a plus à s'inquiéter de rien ; il est sûr de ne pas mourir de faim : il devient paresseux, débauché, insouciant et plein de mauvaises habitudes. Il ne faut pas beaucoup de malice pour comprendre ça. Si le blé poussait tout seul, on s'occuperait peu de cultiver la terre, et si les pains de huit livres venaient tout cuits sur les arbres, on ne songerait pas à chauffer le four.

Le Socialiste. — Vous parlez de four, père François, est-ce qu'il ne vaudrait pas bien mieux n'avoir qu'un four pour tout le village, une cuisine, une basse-cour, une étable, un poulailler, un hallier, une grange, une cave, un pressoir, etc. ? Voyez donc quelle immense économie on ferait. On emploierait moins de monde, moins de temps, moins d'argent, moins de matériaux pour chaque chose, et tout le monde profiterait.

Le père François. — Ta, ta, ta ; je connais ces rêves-là, mon ami ; nous avons fait la première révolution précisément pour être chacun chez nous, tous libres, tous égaux, tous indépendants, et vous vous voulez, aujourd'hui, nous faire revenir en communauté. Ah ça ! où avez-vous la tête ? Il s'agit bien d'éeonomiser par ici, de rogner par là ; il s'agit de vivre chacun chez soi, chacun pour tous, en laissant à tous une liberté absolue. Si je suis *moi*, je veux que tout ce qui m'entoure soit *moi* aussi et *à moi*. Je n'entends me marier ni avec mon voisin de gauche ni avec mon voisin de droite. Qu'ils aillent en enfer si ça leur plaît, je ne prétends point leur tenir compagnie. Avec ce système dont tu parles, il faudrait vivre tous comme des soldats dans une caserne. Rien ne serait à personne ; tout serait à tous. Je ne m'appartiendrais même pas moi-même.

LE SOCIALISTE. — Mais pardon, père François, vous seriez tout aussi libre, ou à peu près ; vous n'auriez qu'à vous soumettre à la règle commune, à la discipline pendant les heures de travail, le reste du temps serait à vous.

LE PÈRE FRANÇOIS. — J'entends être maître chez moi et n'obéir à personne ; voilà ce que j'appelle la liberté ; tandis qu'avec vos inventions l'homme n'est plus libre, c'est une machine, un animal, un âne que l'on bâte et que l'on mène par la longe, à coups de trique, où il faut qu'il aille. Eh ! mon pauvre gars, si tu savais ce que c'est que d'être libre, si tu avais tant seulement deux pouces de terre à toi, tu verrais qu'il vaut encore mieux être malheureux chez soi qu'heureux chez les autres.

LE SOCIALISTE. — Vous ne seriez pas chez les autres, père François ; vous seriez chez vous, au milieu de vos amis, de vos parents, de votre famille ; au lieu de travailler chacun pour soi, vous travailleriez tous pour chacun, c'est-à-dire pour la communauté.

LE PÈRE FRANÇOIS. — Les bons piocheraient pour les mauvais, les courageux pour les fainéants, n'est-ce pas?

LE SOCIALISTE. — Il n'y aurait plus de fainéants.

LE PÈRE FRANÇOIS. — S'il n'y avait pas de fainéants, il n'y aurait pas de misérables, et chacun gagnerait de quoi vivre. Mais comme il y a des paresseux, il y a des pauvres, et il y en aura toujours. Ce n'est point avec vos inventions que vous rendrez l'homme meilleur, plus actif et plus courageux. Ces qualités-là viennent du cœur, vois-tu; elles sont dans le sang. Bon chien tient de race; tel père, tel fils Si un homme est laborieux, ses enfants le sont aussi. J'appelle être chez les autres quand votre voisin, quand le premier passant venu a le droit de venir vous demander ce que vous faites. Ça n'est pas être libre, et, quant à moi, ça ne me conviendrait guère.

LE SOCIALISTE. — Cependant vous obéissez aux lois, père François; vous observez ce qu'elles commandent?

LE PÈRE FRANÇOIS. — Sans nul doute, comme doit faire tout bon citoyen.

LE SOCIALISTE. — Eh bien! si l'Etat s'emparait des grandes administrations, des grandes industries, de l'agriculture, du commerce, etc., pour les administrer à son profit et au profit de tous ; s'il nous imposait huit ou dix heures de travail par jour ; s'il prenait tous les produits, toutes les richesses pour les distribuer à chacun selon ses besoins, que diriez-vous, père François ?

LE PÈRE FRANÇOIS. — Je ne dirais rien, mon garçon, je prendrais mes sabots à mon cou et je quitterais bien vite le pays. Une semblable entreprise serait la plus grossière folie qui se pût voir en ce monde, et je croirais que mes compatriotes ont tous perdu la tête le même jour. Quoi ! plus d'industrie libre, plus de commerce libre, plus d'agriculture libre ! en France, dans un pays où l'on se bat depuis cinquante ans pour la liberté ! Il est vrai qu'on s'y bat aussi pour la fraternité, la fraternité de Caïn ; mais si cela arrivait, je n'y croirais pas, je ne pourrais pas le croire. Est-ce possible ? Quoi ! il nous faudrait faire de l'industrie par ordre du gouvernement, du commerce par ordre du gouvernement, de l'agriculture par ordre du gouvernement ! et le gouvernement, ce serait une dizaine de fous, de fourbes et d'écervelés qui auraient escaladé le pouvoir pour se proclamer dictateurs ! Il ne manquerait plus que l'Etat se fît aussi banquier, et qu'il accaparât tout l'argent. Alors il nous tiendrait par tous les bouts : la bourse et la vie ; nous deviendrions ses esclaves, ses serfs, ses machines !

LE SOCIALISTE. — La conséquence de mes projets de réforme est en effet de rendre l'Etat seul maître absolu de tous les citoyens. Mais l'Etat, étant lui-même la réunion des citoyens, ne peut ni faire mal, ni agir contre ses propres intérêts. Ainsi vos craintes ne sont pas fondées ; nous ne perdrions rien de notre indépendance ou de notre dignité en devenant tous fonctionnaires de l'Etat.

LE PÈRE FRANÇOIS. — Tu ne sais ce que tu dis, mon garçon ; l'Etat peut faire mal, même l'Etat républicain ; et ce qui le prouve, ce sont les révolutions elles-mêmes. Quand on change le gouvernement, c'est qu'il ne convient pas ; voilà assez de fois que nous en changeons. Qui dit majorité, ne dit pas toujours vérité, justice, équité ; si la majorité se trompe, la machine éclate tôt ou tard. La société ne peut pas vivre dans l'erreur. Ainsi, d'abord parce que l'Etat peut se tromper, il ne doit pas se faire industriel, agriculteur, commerçant ; il ne doit pas

gêner notre liberté d'action et rogner notre indépendance.

Mais, je vais plus loin, et je dis que quand
bien même la majorité ne se tromperait jamais,
quand même le gouvernement ne serait jamais
dans l'erreur, il ne devrait pas encore accaparer
les grandes branches d'activité sociale. Il importe à notre dignité que nous soyons indépendants de toute entrave, de tout empêchement,
de toute influence directe et immédiate. Nous
devons travailler par nous-mêmes et nous développer avec une entière liberté. Si l'Etat
s'emparait de l'industrie, de l'agriculture et du
commerce, il nous obligerait à penser et à agir
comme lui, pour lui, avec lui. Chaque matin
les gendarmes viendraient nous surveiller, et le
garde champêtre voudrait diriger nos travaux.
Ça serait le plus rude et le plus absurde escla-
vage qu'on eût jamais vu. Nous avons conquis
la liberté en 89, la vraie liberté, celle qui rend
l'homme fort, grand et digne, nous ne voulons
pas retomber maintenant sous la servitude des
barbares. Arrivez un peu avec vos folies, et
vous verrez comme nous vous recevrons. C'est
pour vous que nous gardons nos fourches.

LE SOCIALISTE. — Allons décidément, père
François, il n'y a pas moyen de vous faire en-

tendre raison ; vous êtes entêté comme un Pi-
card que vous êtes. Avouez cependant que si
vous empruntez de l'argent à 8 pour cent, vous
ne seriez pas fâché d'avoir une banque agricole
qui pût vous en fournir à 4 tout au plus?

Le père François. — Nous empruntons à
8 pour cent absolument comme dans les
villes on escompte du papier à 8 pour cent;
c'est le même taux ; nous ne sommes ni plus,
ni moins privilégiés. Aujourd'hui, depuis votre
république, nous n'en trouvons même plus du
tout. Nous serions bien heureux d'en avoir encore à 8. L'année dernière, aux élections, tous
les candidats promettaient de travailler à bais-
ser le taux de l'intérêt, à organiser des banques
agricoles, à venir en aide aux habitants des campagnes. Depuis un an, nous leur donnons vingt-
cinq francs par jour ; qu'ont-ils fait? Rien.
C'est que le taux de l'intérêt ne se fixe pas par
une loi, ne se décrète pas comme une ordon-
nance. Il dépend de la prospérité des affaires, et
varie suivant la confiance qu'inspire le gouvernement. Avant la révolution nous avions facilement de l'argent à 5 pour cent ; si la paix s'é-
tait maintenue, nous en aurions eu bientôt à 4.
Aujourd'hui, nous n'en trouvons à aucun taux.
D'où cela vient-il si ce n'est de l'état des affaires?

Eh bien ! mon garçon, une banque agricole, quelle qu'elle soit, ne peut pas faire que l'argent vaille 4 du cent quand il vaut 5. Ou bien il faut que l'Etat supporte la différence. Or, l'Etat c'est nous, c'est le contribuable ; c'est une augmentation d'impôt. Nous en arrivons toujours là.

Je sais bien que vous voulez prendre aux riches pour donner aux pauvres, et faire supporter ces augmentations d'impôts par les gros propriétaires. Mais je sais aussi que tout ce qui est contre la justice ne peut subsister. A quoi bon faire des lois qui préparent des désordres, et vouloir des mesures qui sont grosses de révolutions et de périls?

Et puis cette banque agricole, c'est encore un moyen de nous tenir et de nous faire marcher. Quand j'ai besoin d'argent, j'aime bien mieux m'adresser à un citoyen qui n'est ni plus, ni moins que moi, et qui, une fois l'acte signé, n'a pas à mettre le nez chez moi, ni à s'inquiéter de ce que je fais. Je reste libre, lui aussi. Je suis mon maître, lui le sien ; pour moi c'est là le grand point. Avec la banque agricole, je serais soumis à un tas de surveillants, d'inspecteurs, de fonctionnaires qui voudront savoir comment je fais mes affaires. Tout cela me déplaît et me gêne.

LE SOCIALISTE. — Vous ne voulez ni des réformes sociales, ni de la banque agricole, ni de l'administration de l'Etat, vous êtes donc content de tout ce qui est ?

LE PÈRE FRANÇOIS. — Oui, en principe je suis content de tout ce qui est, de tout ce que nous avons conquis depuis 89. Je ne veux que des améliorations et non des révolutions. Si la confiance se rétablissait, si les affaires reprenaient, nous supporterions tant bien que mal la république, et nous arriverions sans doute à être plus heureux. Au lieu de dépenser tout l'argent dans les villes, parce qu'il a peur des émeutes, il faudrait que le gouvernement songeât plus à améliorer et à embellir nos campagnes, à réparer nos routes, à reconstruire, à orner nos églises, à propager les bonnes méthodes de culture, les bonnes graines et les bons plants d'arbres, à encourager les élèves de bestiaux, à rendre la vie des champs sous tous rapports plus agréable, plus animée, plus active, plus attachante. Il faudrait, en un mot, que le gouvernement songeât enfin sérieusement que la France est un pays essentiellement agricole, et que c'est vers l'agriculture, vers la propriété foncière qu'il faut diriger son activité. Je crois que peu à peu le trop plein des grands centres industriels disparaîtrait, l'équilibre se rétablirait, et nous ne serions plus exposés à ces secousses violentes qui viennent périodiquement nous bouleverser; secousses d'autant plus désastreuses, que personne n'en comprenant le sens ni la portée, on se perd dans des divagations infinies pour essayer de les expliquer. De là ces doctrines, ces systèmes, ces rêves, qui ne manquent jamais de pousser après les révolutions comme les champignons après l'orage.

3e DIALOGUE. — LE COMMUNISTE.

—

LE PÈRE FRANÇOIS. — Qu'est-ce que tu viens faire dans ce pays-ci, mon garçon? tu n'as plus guère ni parents ni amis chez nous à qui tu puisses rendre visite.

LE COMMUNISTE. — Je viens faire de la propagande. La révolution de février ne doit pas rester stérile comme les autres. Il faut qu'elle porte ses fruits.

LE PÈRE FRANÇOIS. — Si tu ne viens que pour cela, tu peux bien retourner vers ceux qui t'envoient, et leur dire qu'il n'y a rien à faire ; nous en savons tous plus long qu'eux.

Le Communiste. — Mais la révolution n'est pas finie, père François ; elle ne fait que de commencer.

Le père François. — Je le sais, mon garçon ; nous n'avons pas besoin de toi pour le voir. Avant février on disait : Liberté, ordre public. C'était un tort. Il fallait dire : Ordre d'abord, liberté ensuite. La liberté n'est que le résultat de l'ordre. L'ordre c'est l'arbre ; la liberté c'est le fruit. Tant que tout le monde n'aura pas compris ça, la révolution ne sera pas finie.

Le Communiste.—Vous raisonnez comme les vieux, père François ; aujourd'hui nous disons: Liberté, égalité, fraternité, solidarité ; voilà ce qu'il nous faut.

Le père François. — Les vieux ne raisonnaient pas trop mal, et surtout ils agissaient bien. Sans eux vous seriez encore des serfs, et je ne sais pas trop s'il faudrait s'en plaindre. Vous ne savez pas être libres ; vous êtes indignes de la liberté ; vous la poussez toujours jusqu'à la licence.

Le Communiste. — Vous ne croyez donc pas à l'égalité?

Le père François. — Je crois la vérité, mon garçon, rien de plus, rien de moins. Quand nous avons proclamé l'égalité en 92, nous avons voulu engager les petits à se faire aussi grands que les grands ; mais nous n'avons pas voulu, comme vous, rogner les grands à la taille des petits. C'était un encouragement que nous donnions à tous les citoyens pour développer leur activité et leur énergie. Aujourd'hui ce mot, dans votre bouche, est devenu une menace permanente de vol et de pillage. Vous avez peur et vous faites peur. L'égalité, pour vous, c'est que tout le monde soit âne et porte le bât, parce que vous êtes des ânes et que vous portez le bât. Est-ce raisonnable ? Pouvez-vous atteler un baudet à la charrue, ou un bœuf à la carriole ? Chacun sa place. Nous ne sommes pas plus égaux entre nous que les animaux entre eux. Pour avoir de bons fruits nous greffons de bons arbres, parce qu'il il y a des espèces qui valent mieux que d'autres. Un arbre cultivé rapporte plus qu'un sauvageon. La cerise vaut mieux que la *cesse* qu'on trouve dans les bois. Il y a des terres qui produisent deux fois plus de grain et un grain bien plus nourri que d'autres. D'où viennent toutes ces inégalités-là ? Est-ce nous qui les avons faites ? Eh bien ! les hommes sont encore bien plus différents entre eux.

LE COMMUNISTE. — Oui, mais ces inégalités-là disparaissent avec le temps, par la culture. Du sauvageon vous faites un très-bon arbre fruitier.

LE PÈRE FRANÇOIS. — Ces inégalités-là, mon garçon, ne s'effacent jamais. Sans doute, si vous cultivez un sauvageon vous en ferez un bon arbre, et si vous négligez un bon arbre il finira par ne plus rapporter. Mais labourez également deux terres inégales et de qualités différentes, et vous en aurez toujours une qui vaudra mieux que l'autre. Elle sera éternellement meilleure parce qu'elle était primitivement meilleure. Pourrais-tu me dire, par exemple, pourquoi les haricots de nos pays valent mieux que les autres, tandis que nous n'avons jamais pu avoir un litre de bon vin ?

LE COMMUNISTE. — Dam ! c'est parce qu'on sait cultiver les haricots, et qu'on n'entend rien à la vigne.

LE PÈRE FRANÇOIS. — Soit, j'accepte ta raison qui ne vaut pas grand'chose. Eh bien ! il y en a qui savent cultiver les hommes pour en faire de braves gens, tandis que d'autres n'y entendent rien, et font des sauvageons ou des harbares civilisés comme toi. Et je crois, entre nous, qu'on sait mieux faire des braves gens dans nos campagnes que dans vos villes.

Le Communiste. — Il faut tenir compte des circonstances, du milieu dans lequel les hommes sont placés ; dans les villes les exemples sont fréquents, les tentations sont grandes ; il y a de grands vices et de grandes vertus.

Le père François. — De grands vices surtout, mon garçon, parce qu'on les cache facilement, et parce qu'on est trop indulgent pour le criminel. Chez nous tout se voit, se sait et s'entend. Nous faisons nous-mêmes notre police. Et puis l'habitude de travailler tard et matin, de posséder un petit coin de terre qu'on arrose de ses sueurs, d'avoir toujours à dominer et à vaincre la nature, d'attendre ses récoltes de la bonté de la Providence, tout cela rend l'homme bon, dévoué, charitable et vraiment religieux.

Le Communiste — Eh bien ! est-ce que la religion n'enseigne pas que nous sommes tous égaux, tous frères ?

Le père François. — Oui, nous sommes tous égaux, car nous pouvons le devenir ; nous sommes tous frères, car nous devons nous entr'aider, nous secourir mutuellement. Mais cela, en esprit et en vérité, c'est-à-dire dans nos relations morales et religieuses, dans notre vie intellectuelle. Vous autres, vous voulez l'égalité sociale, la fraternité sociale à coups de fusil ou de guillotine. Plaisante fraternité, vraiment, que celle qui ne laisse pas de choix! La fraternité ou la mort. L'égalité, quant à présent, sur la terre n'est pas possible et ne sera jamais possible. L'homme méchant reste méchant dans les siens et dans sa postérité, comme le pommier sauvage qu'on met sur les routes et qui donne éternellement des pommes rèches. Si l'on pouvait faire tous les hommes égaux aujourd'hui, ils ne le seraient plus demain, ni même dans une heure. Une fois libres, une fois abandonnés à eux-mêmes, c'est-à-dire à leur nature, ils se mettraient à pousser, à croître, à grandir avec des forces inégales et bien différentes. C'est comme les arbres quand on les taille ; il n'y en a pas deux qui poussent de la même manière. Les uns deviennent très-grands, les autres gros ; ceux-ci s'arrêtent et ceux-là meurent. Mettez cent, mille, dix mille grains de blé en terre, vous n'aurez pas deux épis semblables. Certes il y a plus de différence entre deux hommes qu'entre deux grains de blé ; comment n'y en aurait-il pas une énorme entre leurs actes, leur conduite, leur activité, leur travail, toute leur vie ? Laissons donc la légalité qui consiste à couper, à tailler tous les hommes pour les faire entrer dans le même moule comme des chandelles, et passons à la fraternité.

Fraternité veut dire que nous sommes non seulement égaux, mais semblables. En effet, nous avons tous deux pieds, deux mains, deux bras, deux yeux, deux oreilles ; nous avons tous une tête avec de l'esprit dedans. Si c'est là ce que vous entendez par être semblables, nous sommes d'accord. Mais vous allez plus loin. Vous voulez que nous valions tous autant l'un que l'autre, si bien que si vous êtes des gredins, nous serons tous gredins, si vous êtes voleurs, nous serons tous voleurs, si vous êtes paresseux, nous serons tous paresseux. Voilà une singulière fraternité ! C'est la fraternité de Caïn.

Nous sommes frères, je le veux bien, mais pas dans le mal. Faites-vous pendre si ça vous plaît, mais n'exigez pas, au nom de la fraternité, que je me fasse pendre aussi. Frère jusqu'à la corde, c'est assez.

Voilà deux pommiers qui sont frères et bien frères, car ils ont été plantés le même jour et soignés de la même manière. Cependant l'un donne d'excellentes pommes, grosses comme ta tête, pleines comme la mienne, et l'autre n'a jamais poussé que des fruits maigres, chétifs et sans goût.

Nous sommes semblables à peu près comme nos animaux, nos poules, nos chiens ou nos ânes le sont entre eux. Ils chantent, ils crient, ils aboient, ils grognent, ils beuglent, ils mugissent, ils braient tous de la même manière, chacun dans la sienne; cependant ce ne sont ni les mêmes voix, ni les mêmes cris, et nous savons très-bien les reconnaître quand ils sont aux champs. Quoique tous semblables, il n'y en a pas deux qui se ressemblent. Les uns valent mieux que les autres; ceux-ci portent et rapportent plus que ceux-là. Dans un troupeau de moutons, combien y en a-t-il de tout-à-fait semblables? il n'y en a pas deux, pas plus que de brins d'herbe dans les prés, que d'arbres dans les bois, ni que de noix dans un sac. Les hommes sont de même; tous semblables en apparence, tous différents en réalité.

Le Communiste. — Nous ne nions pas ces différences qui existent entre tous les citoyens; mais nous croyons qu'elles proviennent plutôt de l'éducation que de la naissance, plutôt des circonstances accidentelles de la vie que de la nature primitive des hommes.

LE PÈRE FRANÇOIS. — Cependant pourquoi toutes les noix d'un noyer, toutes les cerises d'un cerisier, toutes les pommes d'un pommier ne sont-elles pas semblables et égales? Pourquoi n'y en a-t-il pas deux qui se ressemblent dans le même arbre, sur la même branche? Pourquoi deux grains de blé de même grosseur, semés en même temps, à la même place, recevant le même soleil et la même pluie, donnent-ils deux épis tout-à-fait différents?

LE COMMUNISTE. — Mais, père François, les hommes ne sont ni des noix, ni des pommes, ni des épis.

LE PÈRE FRANÇOIS. — C'est précisément pour cela qu'ils diffèrent encore bien davantage entre eux. Quand je les verrai tous beaux et bien faits, ou bien tous borgnes, bossus, cagneux, boiteux, je croirai à l'égalité et à la fraternité. Ecoute, mon garçon, quand mon père est mort, j'avais un frère, presque de mon âge, qui avait été élevé, comme moi, avec moi, et qui, en partage, eut tout ce que j'eus moi-même. Dix ans plus tard, mon frère n'avait plus rien; j'avais racheté sa part et je le nourrissais, lui, sa femme

et ses enfants. Pourquoi cela? C'était cependant
un brave et digne garçon, incapable de faire le
moindre mal, mais il aimait les plaisirs et la paresse. On le voyait plus souvent à la chasse qu'à
ses champs, et nous n'avions pas assez pour ne
point travailler.

LE COMMUNISTE. — Nous ne disons pas non
plus, père François, que tous les hommes doivent être les mêmes et agir de la même façon;
nous disons seulement que quand ils font ce
qu'ils peuvent, ils méritent également et doivent être également récompensés. Ainsi moi,
par exemple, en prêchant mes doctrines, je travaille autant que vous en cultivant la terre, et
votre curé dans son église ne gagne pas plus
que votre valet dans son étable.

LE PÈRE FRANÇOIS. — Tu veux dire que la
peau d'âne vaut tout autant que le cuir du che-
val, et que la viande de porc ne devrait pas
coûter plus cher que celle de mouton.

LE COMMUNISTE. — Je ne vous dis pas cela;
je parle des hommes qui sont égaux et frères;
je soutiens qu'une heure de mon travail vaut
une heure du vôtre.

LE PÈRE FRANÇOIS. — Je comprends, je comprends très-bien. Une pomme vaut un choux,
un choux vaut une poule, une poule vaut un

mouton, un mouton vaut un âne, un âne vaut un bœuf. Toi tu es l'âne, moi je suis le bœuf; nous valons autant l'un que l'autre. Par conséquent je ne te dois rien, tu ne me dois rien; Je fais ce que je peux, tu prends ce que tu veux, nous sommes toujours quittes. Voilà ce que tu appelles la fraternité.

Le Communiste. — Non; nous faisons tous les deux ce que nous pouvons et nous prenons selon nos besoins.

Le père François. — Mais si tu peux moins que moi, et si mes besoins sont le double des tiens?

Le Communiste.— C'est en cela que consiste la fraternité, la charité, le dévouement.

Le père François. — Tiens, vous autres gens des villes, vous n'êtes pas encore si bêtes que vous en avez l'air. Comme vous avez de grandes gueules et de petits bras, et comme vos besoins dépassent vos moyens, vous voulez nous faire travailler pour vous nourrir. C'est ingénieux, mais nous ne mangeons plus de ce pain-là. Il ne faut plus de serfs. Chacun le sien et Dieu pour tous.

Le Communiste — Chacun le sien, c'est ce

que nous voulons aussi ; mais nous voulons que chacun possède quelque chose.

Le père François. — Que chacun possède, c'est bel et bon ; mais celui-là qui n'économise point, qui n'amasse point, qui ne travaille point, peut-il posséder comme un autre ?

Le Communiste. — Il faut savoir s'il n'amasse pas parce qu'il n'a rien, ce qui me paraît le plus probable, ou s'il n'a rien parce qu'il n'amasse pas.

Le père François. Dam ! j'ai toujours vu, depuis que le monde est monde, l'homme actif, probe, laborieux, se tirer d'affaire ; et toujours le paresseux ou le débauché se ruiner.

Le Communiste. — Voyons, n'est-il pas révoltant de voir des hommes qui possèdent des fortunes colossales, des terres, des prés, des bois, des parcs, des châteaux magnifiques, tandis que d'autres n'ont rien et vont mendiant leur vie sur les routes ?

Le père François. — Avant de prononcer, il faudrait savoir si le riche n'est pas un homme probe, actif, laborieux et économe, et si le mendiant n'est pas un bandit, un vaurien qui possède tous les vices.

Le Communiste — Mais le riche n'a jamais

rien fait; il s'est donné seulement la peine de naître.

Le père François. — Alors il faut savoir si ce n'est pas un homme charitable et religieux qui a reçu de son père, en héritage, avec une grande fortune, toutes les qualités du cœur, toutes les vertus qui rendent estimable et qui font de l'homme riche le père du pauvre, le protecteur du faible. Mais, quel qu'il soit, je le respecte, je respecte son droit pour qu'on respecte le mien. Que ce soit un bon ou un mauvais riche, je ne veux point le dépouiller. Sa conduite, dans aucun cas, ne saurait excuser la mienne. Le vol est toujours vol. Si ce riche est égoïste, tant pis pour lui; il me suffit de savoir comment, à sa place, j'emploierai ma fortune.

Moi, pauvre, je ne veux non plus ni le dépquiller, ni lui rien prendre. J'accepte aide et secours. Je n'exige rien. Je ne m'impose pas. Il est de ma dignité que je me suffise à moi-même, que je sache gagner mon pain honorablement et que je ne possède en propre que ce que j'aurais légitimement, honnêtement acquis. Le vol, le pillage, le partage ne sont pas des moyens honnêtes d'acquérir.

Le Communiste. — Puisque les hommes sont libres, égaux et frères, ceux qui sont riches

n'ont pu s'enrichir qu'en opprimant et en dé-
pouillant les autres. Ce sont eux qui ont volé la
société en accaparant ainsi la fortune. Tout ap-
partient à tous. Il n'y a pas de droit contre le
droit. La répétition contre l'injustice est éternelle.

LE PÈRE FRANÇOIS. — D'abord les hommes
ne sont ni libres, ni frères, ni égaux. Ils sont
tous soumis aux lois et à la raison quand ils la
connaissent. Ensuite ces riches n'ont opprimé,
ni dépouillé personne. Ils se sont enrichis en
vivant comme nous sous la protection des lois,
sous le bénéfice du contrat social; ils en ont
joui différemment, ils en ont mieux profité,
c'est leur affaire, non la nôtre. Dans aucun cas
nous ne devons convoiter ce qu'ils possèdent.
C'est se manquer de dignité à soi-même.

LE COMMUNISTE. — Nous ne voulons voler
personne; mais quand la républiqne sociale ar-
rivera, nous voulons déposséder ceux qui ont trop
pour donner à ceux qui n'ont rien. Nous refe-
rons le partage des propriétés, afin que les uns
ne meurent plus d'excès et les autres de misère.

LE PÈRE FRANÇOIS. — Je sais bien ce que
vous voulez faire, et ce n'est point la première
fois que ça ait été tenté. Mais je sais aussi que

vous êtes des fous ou de criminels menteurs qui vous ferez, un de ces jours, justice vous-mêmes. Dans ce pays-ci je ne connais personne qui veuille seulement vous écouter avec autant de patience que moi. Qu'est-ce que ça serait donc s'il s'agissait de déposséder celui qui a pour faire le partage? Nous irions tous chercher nos fourches et nos fléaux pour vous chasser. Vous espérez faire peur et agir par la terreur. N'y comptez pas trop, vous compteriez sans vos hôtes, et vos hôtes sont vingt-cinq millions en France. Si vous comptez sur la corruption, sur la cupidité, vous vous trompez encore. Chez nous celui qui n'a pas vaut autant que celui qui a. Jamais il ne voudra prendre le champ de son voisin pour se l'approprier.

LE COMMUNISTE. — Nous éclairerons les travailleurs sur leurs véritables intérêts; nous leur ferons comprendre peu à peu ce qu'ils doivent faire. N'est-il pas juste que tous les hommes, étant également hommes, aient une propriété, une fortune égale?

LE PÈRE FRANÇOIS. — Mais je nie que tous les hommes soient également hommes. Je soutiens, par exemple, que je suis plus homme que tu ne le seras jamais. Celui qui a plus d'activité, plus de courage, plus d'énergie, plus de bonnes qualités qu'un autre est plus homme que lui, et il vaut plus, absolument comme une grosse pomme en vaut deux petites, comme un canard vaut deux cannetons.

D'ailleurs, mon garçon, faites des parts égales tant que vous voudrez; dans une heure elles ne le seront plus; dans un an j'en aurai dix à moi, et dans dix ans j'en aurai cent; car, si on faisait des parts pour tout le monde, nous n'en aurions pas seulement chacun grand comme mon jardin. Vous auriez inutilement volé les uns pour corrompre les autres et commis une double injustice, un double crime.

LE COMMUNISTE. — Il n'y aurait ni crime ni injustice si la loi rendait tout le monde propriétaire. La loi ne peut pas être injuste.

LE PÈRE FRANÇOIS. — Vous ne pourriez le faire qu'en prenant aux uns pour donner aux autres. Or, il y a quelque chose que l'honnête homme respecte plus que la loi, c'est la justice. Est-il juste de voler ceux-ci pour enrichir ceux-là?

Si une centaine, plus ou moins, de vauriens, d'hommes perdus de dettes, de vices et de débauche s'emparaient un beau jour du pouvoir; dans la bagarre des révolutions, à Paris surtout, cela n'a rien d'impossible, cela s'est déjà vu ; eh bien ! si ces hommes, sans conscience comme sans moralité, décrétaient que tout locataire, fermier ou tenancier quelconque est propriétaire des biens, terres, fermes ou maisons à lui loués et concédés temporairement, crois-tu qu'on ne commettrait pas la plus grande et la plus flagrante injustice ? crois-tu que chaque fermier, locataire ou tenancier pût alors se regarder comme légitime et unique propriétaire des biens à lui loués ? Non, cela n'est pas possible ; ça serait à désespérer de tout.

Comme toute loi injuste ne peut amener que le chaos, le désordre et l'anarchie, nous arriverions bientôt à un état barbare ou sauvage. Cependant la justice reviendrait tôt ou tard, l'ordre se rétablirait, et, dans la confusion générale, la société saurait bien retrouver son état primitif. Nous aurions subi une révolution de plus, une misère plus grande, une corruption plus universelle, mais le bon droit reparaîtrait enfin ; car la France veut vivre, et elle saura bien vivre, en dépit de tous les partageux qui veulent la tuer.

Vous autres, vous voulez que les bons pâtissent pour les mauvais, que les courageux travaillent pour les fainéants, que les économes amassent pour les prodigues. Vous appelez ça la fraternité, la solidarité; moi, j'appelle ça de la folie, du vol à main armée, du brigandage.

Chacun le sien, chacun ses œuvres. Que tous s'entr'aident, se secourent, s'encouragent mutuellement, rien de mieux, rien de plus juste : mais prendre ici pour porter là, c'est piller, voler, dépouiller; et bien volé n'a jamais profité. Si je savais avoir un pied d'arbre, un brin de chanvre que je n'aie pas gagné à la sueur de mon front, je l'arracherais bien vite pour le jeter au feu. Il n'y a que des mendiants qui vivent du travail des autres!

L'autre jour, en revenant du marché, j'ai vu un démocrate. Il raisonnait à peu près comme toi; il demandait l'impôt progressif, c'est-à-dire le vol légal de ceux qui ont beaucoup et l'aumône légale à ceux qui ont moins : une double indignité encore. Est-ce que je veux être moins qu'un autre? Depuis quand ne suis-je plus son égal? Depuis la république, sans doute, qui veut nous abaisser tous au niveau des plus bas. Non, non, je veux payer mes impôts, moi, tout comme un autre, ni plus ni moins, car je suis tout autant.

Il demandait aussi l'éducation, c'est-à-dire la corruption gratuite et obligatoire de nos enfants.

A voir la manière dont ces démocrates sont éduqués et dont ils raisonnent, j'aimerais mieux que mon fils ne sût jamais ni lire ni écrire plutôt que de le confier à ces gens-là.

Tout cela, ça aboutit toujours au même résultat : l'engraissement des paresseux de Paris par les travailleurs des campagnes ; la ruine de ceux qui ont amassé deux sous au profit des vauriens qui n'ont jamais voulu travailler ; enfin, la misère et le vice pour tout le monde.

Hier, j'ai rencontré un socialiste, comme vous les appelez ; celui-là m'a chanté à peu près la même chanson, mais sur un autre air ; il voulait que tout fût en commun, terres, propriétés, maisons, travail, industrie, ménage. La France, à ses yeux, devait être une immense caserne où tout se ferait avec le tambour et sous le commandement suprême du chef de l'Etat. Personne ne serait libre ; on ne se posséderait même pas soi-même. Pour boire, pour manger, pour dormir, il faudrait la permission du gouvernement. On ne pourrait avoir ni une vache, ni un veau, ni une poule à soi. L'âne et le porc appartiendraient à la commune ; le bât lui-même serait à tout le monde.

Ce socialiste-là m'a paru encore plus fou que

!e précédent, c'est-à-dire d'une folie plus *avan-cée*. Je ne sais vraiment pas où ces gens-là ont la tête, ni à quoi ils songent, pour venir nous conter de semblables sottises. Il faut qu'ils nous croient bien bêtes, bien ignorants ou bien corrompus. Eux qui n'ont rien à perdre, rien à ménager, et qui ne peuvent que gagner au désordre, ils font leur métier d'anarchistes et de bandits; cela se conçoit. Ils voudraient pouvoir voler et piller tout le monde. Ils ne respectent rien, pas plus le passé que le présent, pas plus ce qui a été que ce qui est. Ils ne s'inquiètent de rien; car que leur importe la justice, la loi, la morale, la société, la religion? Leurs idées n'ont rien de commun avec celles-là. Quand j'entends ces partageux-là me parler, il me prend toujours envie de les chasser à coups de trique.

Je dis partageux, mon garçon, parce que tous ces fous-là sont des partageux comme toi; vous ne différez que dans les moyens. Toi, je ne t'en veux pas; tu es un enfant, et puis tu n'es pas obstiné dans tes opinions; tu changeras bien vite quand tu verras un peu plus clair. Mais, pour tant qu'à ces gredins qui s'appellent démocrates, socialistes, communistes, rouges, montagnards, révolutionnaires, hommes avan-

cés, etc., tous ceux-là, vois-tu, sont des partageux.

Ils ont voulu la république, ils l'ont; ils ont
voulu la république démocratique, c'est-à-dire
avec le suffrage universel, ils l'ont encore; que
veulent-ils de plus? Ils veulent qu'il n'y ait plus
de riches. C'est vouloir qu'il n'y ait plus d'hommes meilleurs, plus actifs, plus intelligents que
d'autres; c'est vouloir que le bon noyer soit
semblable au mauvais et qu'il donne de mauvaise noix. Quand l'égalité n'est pas possible par
en haut, les démocrates la veulent par en bas.
Incapables d'être grands comme les grands, ils
les veulent rendre petits et misérables comme
eux.

Que m'importe que le partage des propriétés,
que la ruine de tous, s'opère par mesures lentes
et successives, comme l'essayent les démocrates
avec l'impôt progressif et l'organisation gratuite
de tous les services publics;

Ou bien à l'aide de moyens plus prompts,
semblables à ceux que proposent les socialistes
en voulant faire rentrer toutes les industries,
toutes les propriétés, toutes les fortunes dans
les mains de l'Etat;

Ou bien enfin à l'aide du moyen violent des

communistes, qui consiste à dépouiller tout le monde pour faire un nouveau partage de la terre !

Quoique différents dans leurs principes et dans leurs méthodes, tous ces gens-là n'en sont pas moins des partageux. En empêchant le développement des fortunes, ils empêchent aussi leur naissance et leur formation. Celui qui n'a rien ne peut acquérir ; celui qui a n'ose point conserver. Le travail s'arrête ; l'inquiétude règne partout, et sa compagne la misère accourt en croupe derrière elle.

Les partageux ne sont pas nombreux, mais ils font beaucoup de bruit, et ils sont d'autant plus à craindre, que le nombre en est plus petit. Si un homme voulait s'emparer de notre village, il commencerait par faire bien peur et par emprisonner ou pendre ceux qui lui résisteraient. Les partageux feraient de même pour la France. Etant très-peu nombreux, ils emploieraient des moyens très-violents. Aussi parlent-ils sans cesse de sang, de vol, de pillage, de guillotine et d'incendie ; c'est ce qu'ils ont déjà fait en 93. Malheur à eux ! malheur à nous ! Il faut que nous soyons bien coupables, pour que Dieu nous envoie de semblables fléaux !

Mieux vaudrait cent fois la peste, la morve ou le charbon !

Ainsi, les uns veulent nous ruiner et nous corrompre par des lois injustes ; les autres veulent tout mettre en commun, terres, propriétés, famille ; d'autres enfin veulent tout partager en portions égales pour enrichir les paresseux, les fainéants et les voleurs ; tels sont, mes amis, les diverses espèces de démocrates que nous appelons partageux ; c'est comme dans les haricots, il y a les blancs, les rouges et les gris ; c'est toujonrs des haricots. Les républicains sont rouges, rouges tendres ou rouges-sang ; mais c'est toujours rouges. Le meilleur des rouges ne vaut pas grand'chose. Vous savez, on dit tous bons, tous mauvais ; dans les républicains, c'est tous mauvais.

Et puis un rouge n'est pas un homme, c'est un rouge ; il ne raisonne pas, il ne pense plus. Il n'a plus ni le sens du vrai, ni le sens du juste, ni celui du beau et du bien. Ça n'est pas un être moral, intelligent et libre comme vous et moi. Sans dignité, sans moralité, sans intelligence, il fait sacrifice de sa liberté, de ses instincts et de ses idées au triomphe des passions les plus brutales et les plus grossières ; c'est un être déchu et dégénéré. Il porte bien, du reste, sur sa figure, le signe de cette déchéance. Une physionomie abattue, abrutie, sans expression ; des yeux ternes, mobiles, n'osant jamais regarder en face et fuyant comme ceux du cochon ; les traits grossiers, sans harmonie entre eux ; le front bas, froid, comprimé et déprimé ; la bouche muette et insignifiante comme celle de l'âne ; les lèvres fortes, proéminentes, indice de passions basses ; le nez sans finesse, sans mobilité, gros, large et fortement attaché au visage : voilà les caractères généraux de ressemblance que vous trouverez chez la plupart des partageux. Ils portent gravée sur toute leur figure la stupidité des doctrines et des idées avec lesquelles ils vivent.

Les partageux n'ont qu'une raison ; ils disent : Vous êtes riches, donc vous êtes égoïstes. Il serait plus juste de leur retourner le même raisonnement et de leur dire : Vous êtes pauvres, donc vous êtes des voleurs ; vous n'avez rien à perdre, rien à risquer, si ce n'est votre peau, qui ne vaut pas grand'chose ; donc vous avez intérêt à faire des révolutions ; donc vous êtes de mauvaise foi, ou plutôt vous n'êtes rien, mais vous voulez le désordre et l'anarchie, parce que vous espérez y gagner quelque argent ou quelque place.

En effet, mes amis, cette tourbe des villes et

des campagnes que nous appelons des *partageux*
ne possède ni sou vaillant ni vertu au cœur;
c'est le rebut, l'écume de la société; la société
les a repoussés parce qu'ils ne sont bons à rien,
ils la repoussent à leur tour et veulent la dé-
truire. Ils ont pour appui et pour amis naturels
les vauriens de tous les pays, qui ne craignent
ni Dieu ni diable, les condamnés de toutes les
races, les esclaves de toutes les passions et de
tous les préjugés.

Mais ne jetons pas le manche après la cognée;
les fous disparaîtront bientôt devant le bon sens
de toute la France. Pour cela, mes amis, il
faut veiller au grain et faire nous-mêmes nos
affaires. Nommons d'honnêtes gens; il y en a
dans tous les partis, et les honnêtes gens finis-
sent toujours par s'entendre. Choisissons des
royalistes, des monarchistes, des républicains,
n'importe qui, mais ni démocrates, ni rouges,
ni partageux. Autant vaudrait confier notre
bourse à un voleur et faire garder nos moutons
par un loup. Dans tous les cas, vous êtes pré-
venus; et quand les rouges ou les partageux
viendront, rappelez-vous qu'un homme pré-
venu en vaut deux; aussitôt: en avant!

Imprimerie de Pillet fils aîné, rue des Grands Augustins, 7.